Meine Rezepte

sind einfach die besten!

Meine Rezepte

EDITION XXL

Inhaltsverzeichnis

Rezeptname: _____

Gar-, Brat- oder Backzeit:

Zutaten für	Personen:	Zubereitung:

Datum

Rezeptname: _____

Gar-, Brat- oder Backzeit:

Zutaten für	Personen:	Zubereitung:

„Iss mit deinem Freund,
  aber mach mit ihm keine Geschäfte."

Armenisches Sprichwort

Datum

Rezeptname: _____

Gar-, Brat- oder Backzeit:

Zutaten für   **Personen:**

Zubereitung:

„*Wer nicht eher isset, als ihn hungert, und nichts
trinket als das liebe Wasser, der wird selten krank.*"

Sophie Mereau

Datum

Rezeptname: _____

Gar-, Brat- oder Backzeit:

Zutaten für _____ Personen:

Zubereitung:

Rezeptname: _____

Gar-, Brat- oder Backzeit:

Zutaten für _____ Personen:	Zubereitung:

„Den wahren Geschmack des Wassers erkennt man erst in der Wüste."

Jüdisches Sprichwort

_____
Datum

Rezeptname: _____

Gar-, Brat- oder Backzeit:

Zutaten für   **Personen:**

Zubereitung:

„Deine Nahrungsmittel seien deine Heilmittel."
Hippokrates

Datum

Rezeptname:

Gar-, Brat- oder Backzeit:

Zutaten für	*Personen:*	*Zubereitung:*

„Ich habe gefunden, dass Menschen mit Geist und Witz auch immer eine feine Zunge besitzen; jene aber mit stumpfem Gaumen beides entbehren."

Voltaire

Datum

Rezeptname: _____

Gar-, Brat- oder Backzeit:

Zutaten für   **Personen:**

Zubereitung:

_____

_____

_____

Datum

„Der Mensch ist, was er isst."
Ludwig Feuerbach

Rezeptname: _____

Gar-, Brat- oder Backzeit:

Zutaten für Personen:	**Zubereitung:**

„In der allergrößten Not
schmeckt die Wurst auch ohne Brot.“

Deutsches Sprichwort

Datum

14

Rezeptname: _____

Gar-, Brat- oder Backzeit:

Zutaten für Personen:	*Zubereitung:*

Datum

Rezeptname:

Gar-, Brat- oder Backzeit:

Zutaten für Personen:	Zubereitung:

"Ein Leben ohne Feste ist ein
weiter Weg ohne Wirtshäuser."
Demokrit

Datum

Rezeptname:

Gar-, Brat- oder Backzeit:

Zutaten für	Personen:

Zubereitung:

*„Man spricht vom vielen Trinken stets,
doch nie vom vielen Durste."*
Joseph Victor von Scheffel

Datum

Rezeptname: _____

Gar-, Brat- oder Backzeit:

Zutaten für   **Personen:**   **Zubereitung:**

„*Der Magen eines gebildeten Menschen
hat die besten Eigenschaften eines edlen
Herzens: Sensibilität und Dankbarkeit.*"

Alexander S. Puschkin

Datum

Rezeptname: _____

Gar-, Brat- oder Backzeit:

Zutaten für Personen:	Zubereitung:

Datum

Rezeptname:

Gar-, Brat- oder Backzeit:

Zutaten für   Personen:

Zubereitung:

*„Das Essen soll zuerst das Auge erfreuen
und dann den Magen."*

Johann Wolfgang von Goethe

Datum

Rezeptname: _____

Gar-, Brat- oder Backzeit:

Zutaten für	*Personen:*

Zubereitung:

„*Die Ehe ist ein Vertrag, bei dem der Mann auf die Hälfte seiner Lebensmittel verzichtet, damit man ihm die andere Hälfte kocht.*"

Unbekannt

Datum

Rezeptname: _____

Gar-, Brat- oder Backzeit:

Zutaten für Personen:	Zubereitung:

*„Das beste Tischgespräch ist das
Schweigen schwelgender Gäste."*

Chinesisches Sprichwort

Datum

Rezeptname: _____

Gar-, Brat- oder Backzeit:

Zutaten für	Personen:

Zubereitung:

*„Nach einem guten Festmahl
knausert man nicht mit Kleingeld."*

Henrik Ibsen

Datum

Rezeptname: _____

Gar-, Brat- oder Backzeit:

Zutaten für   **Personen:**

Zubereitung:

„Warte nicht mit Essen und Trinken, denn die Welt,
die wir verlassen, gleicht einem Festmahl.“

Talmud

_____
Datum

24

Rezeptname: _____

Gar-, Brat- oder Backzeit:

Zutaten für Personen:	Zubereitung:

„Kontrolliert euren Appetit, ihr Lieben,
und ihr habt die menschliche Natur erobert.“
Charles Dickens

Datum

25

Rezeptname:

Gar-, Brat- oder Backzeit:

Zutaten für	*Personen:*	*Zubereitung:*

> *„An deinem Herd bist du genauso ein König
> wie jeder Monarch auf seinem Thron.“*
> **Miguel de Cervantes**

Datum

Rezeptname: _____

Gar-, Brat- oder Backzeit:

Zutaten für	Personen:

Zubereitung:

„Der Wein steigt in das Gehirn, macht es
sinnig, schnell und erfinderisch, voll von
feurigen und schönen Bildern."
William Shakespeare

_____
Datum

Rezeptname: _____

Gar-, Brat- oder Backzeit:

Zutaten für Personen:	Zubereitung:

„Die Männer lieben jene Frauen am leidenschaftlichsten, die es verstehen, ihnen die leckersten Dinge vorzusetzen."

Honoré de Balzac

Datum

Rezeptname: _____

Gar-, Brat- oder Backzeit:

Zutaten für   Personen:

Zubereitung:

*„In vino veritas –
im Wein liegt die Wahrheit."*

Alkaios von Lesbos

Datum _____

Rezeptname:

Gar-, Brat- oder Backzeit:

Zutaten für   Personen:

Zubereitung:

*„Das Trinkgeschirr, sobald es leer,
macht keine rechte Freude mehr.“*

Wilhelm Busch

Datum

Rezeptname:

Gar-, Brat- oder Backzeit:

Zutaten für Personen:	Zubereitung:

Rezeptname: _____

Gar-, Brat- oder Backzeit:

Zutaten für   **Personen:**

Zubereitung:

„Nichts macht uns geneigter, an ein gutes Essen zu denken, als ein leerer Tisch."
Alexandre Dumas

Datum

Rezeptname:

Gar-, Brat- oder Backzeit:

Zutaten für Personen:	Zubereitung:

Datum

Rezeptname:

Gar-, Brat- oder Backzeit:

Zutaten für	**Personen:**

Zubereitung:

Rezeptname: _____

Gar-, Brat- oder Backzeit:

Zutaten für	Personen:	Zubereitung:

Rezeptname: _____

Gar-, Brat- oder Backzeit:

Zutaten für **Personen:**	**Zubereitung:**

*„Die Kunst ist zwar nicht das Brot,
aber der Wein des Lebens."*

Jean Paul

Datum

Rezeptname:

Gar-, Brat- oder Backzeit:

Zutaten für Personen:	Zubereitung:

Datum

Rezeptname:

Gar-, Brat- oder Backzeit:

Zutaten für   Personen:

Zubereitung:

*„Gott, was ist Glück! Eine Grießsuppe,
eine Schlafstelle und keine körperlichen Schmerzen –
das ist schon viel!"*

Theodor Fontane

Datum

Rezeptname: _____

Gar-, Brat- oder Backzeit:

Zutaten für	*Personen:*	*Zubereitung:*

„*An apple a day
keeps the doctor away.*"

Englisches Sprichwort

Datum

Rezeptname: _____

Gar-, Brat- oder Backzeit:

Zutaten für	Personen:	Zubereitung:

*„Nach einer guten Mahlzeit kann man allen verzeihen,
selbst seinen eigenen Verwandten."*

Oscar Wilde

Datum _____

Rezeptname:

Gar-, Brat- oder Backzeit:

Zutaten für	*Personen:*	*Zubereitung:*

Rezeptname:

Gar-, Brat- oder Backzeit:

Zutaten für   Personen:

Zubereitung:

Datum

Rezeptname:

Gar-, Brat- oder Backzeit:

Zutaten für	*Personen:*

Zubereitung:

„Die Soße ist für die Kochkunst,
was die Grammatik für die Sprache."

Holländisches Sprichwort

_____
Datum

Rezeptname:

Gar-, Brat- oder Backzeit:

Zutaten für	Personen:	Zubereitung:

„Allein zu essen, ist für einen philosophierenden Gelehrten ungesund."

Immanuel Kant

Datum

44

Rezeptname: _____

Gar-, Brat- oder Backzeit:

Zutaten für _____ Personen:

Zubereitung:

Rezeptname:

Gar-, Brat- oder Backzeit:

Zutaten für	Personen:	Zubereitung:

„Kochen ist eine Kunst, und eine gar edle.“
Henriette Davidis

Datum

Rezeptname: _____

Gar-, Brat- oder Backzeit:

Zutaten für	*Personen:*

Zubereitung:

„Ist die Maus satt, schmeckt das Mehl bitter."
Redewendung

Datum

Rezeptname:

Gar-, Brat- oder Backzeit:

Zutaten für   **Personen:**

Zubereitung:

„Ein gerader Mensch scheut nicht die freundschaftlichen
Geschwätze, die aus dem Rausche hervorgehen."

Jean-Jacques Rousseau

Datum

Rezeptname:

Gar-, Brat- oder Backzeit:

Zutaten für   Personen:

Zubereitung:

„Der Wein ist die edelste Verkörperung
des Naturgeistes."

Friedrich Hebbel

Datum

Rezeptname:

Gar-, Brat- oder Backzeit:

Zutaten für   *Personen:*

Zubereitung:

„Das wär dir ein schönes Gartengelände,
wo man den Weinstock mit Würsten bände.“

Johann Wolfgang von Goethe

Datum

Rezeptname: _____

Gar-, Brat- oder Backzeit:

Zutaten für Personen:	Zubereitung:

„Cibi condimentum est fames –
der Speise Würze ist der Hunger.“
Cicero

Datum

51

Rezeptname:

Gar-, Brat- oder Backzeit:

| Zutaten für   Personen: | Zubereitung: |

„Zu viel kann man wohl trinken,
doch nie trinkt man genug."

Gotthold Ephraim Lessing

Datum

Rezeptname:

Gar-, Brat- oder Backzeit:

Zutaten für   Personen:

Zubereitung:

*„Nach dem Essen sollst du ruh'n
oder 1000 Schritte tun."*

Redewendung

Datum

Rezeptname:

Gar-, Brat- oder Backzeit:

Zutaten für   Personen:

Zubereitung:

„Geselliges Vergnügen, muntres Gespräch muss einem Festmahl die Würze geben."

William Shakespeare

Datum

Rezeptname: _____

Gar-, Brat- oder Backzeit: _____

Zutaten für _____ *Personen:*

Zubereitung:

„Der Weise aber entscheidet sich bei der Wahl der Speisen nicht für die größere Masse, sondern für den Wohlgeschmack.“

Epikur

Datum _____

Rezeptname: _____

Gar-, Brat- oder Backzeit:

Zutaten für _____ Personen:	Zubereitung:

"Alles Zukunft erraten
ist wie kalter Braten."

Joachim Ringelnatz

Datum

Rezeptname:

Gar-, Brat- oder Backzeit:

Zutaten für   Personen:

Zubereitung:

„Jede Frau ist für gutes
Essen anfällig."
Giacomo Casanova

Datum

Rezeptname:

Gar-, Brat- oder Backzeit:

Zutaten für	Personen:	Zubereitung:

Datum

Rezeptname:

Gar-, Brat- oder Backzeit:

Zutaten für	Personen:	Zubereitung:

„Beim Essen muss man stille sein,
sonst geht nichts in den Mund hinein."

Kinderreim

Datum

Rezeptname:

Gar-, Brat- oder Backzeit:

Zutaten für Personen:	Zubereitung:

„Eine Gattin, klug und weise,
kocht des Mannes Lieblingsspeise."

Volksweisheit

Datum

Rezeptname:

Gar-, Brat- oder Backzeit:

Zutaten für	Personen:	Zubereitung:

Rezeptname: _____

Gar-, Brat- oder Backzeit:

Zutaten für Personen:	Zubereitung:

„Es gehört zum deutschen Bedürfnis,
beim Biere von der Regierung schlecht zu reden.“
Otto von Bismarck

Datum

Rezeptname: _____

Gar-, Brat- oder Backzeit:

Zutaten für	*Personen:*

Zubereitung:

Rezeptname:

Gar-, Brat- oder Backzeit:

Zutaten für   **Personen:**

Zubereitung:

„Morgens rund, mittags gestampft,
abends in Scheiben, dabei will ich bleiben.“

Johann Wolfgang von Goethe

Datum

Rezeptname: _____

Gar-, Brat- oder Backzeit:

Zutaten für   **Personen:**

Zubereitung:

„Die Liebe ist die Köchin des Lebens, sie macht
es erst schmackhaft, aber sie versalzt es auch oft."
Unbekannt

Datum _____

Rezeptname:

Gar-, Brat- oder Backzeit:

Zutaten für Personen:	Zubereitung:

Datum

Rezeptname:

Gar-, Brat- oder Backzeit:

Zutaten für   Personen:

Zubereitung:

„Die Entdeckung eines neuen Gerichtes
macht die Menschheit glücklicher als
die Entdeckung eines neuen Sterns.“

Jean Anthelme Brillat-Savarin

Datum

Rezeptname:

Gar-, Brat- oder Backzeit:

Zutaten für   **Personen:**

Zubereitung:

„Essen ist ein Bedürfnis des Magens,
Trinken ein Bedürfnis des Geistes."
Claude Tillier

Datum

Rezeptname:

Gar-, Brat- oder Backzeit:

Zutaten für   _Personen:_   Zubereitung:

„Die Schlemmerei, ein ehrbares Laster."
Baptista Platina

Datum

Rezeptname:

Gar-, Brat- oder Backzeit:

Zutaten für	*Personen:*	*Zubereitung:*

*„Auch dem Frömmsten ist sein tägliches
Mittagessen wichtiger als das Abendmahl.“*
Friedrich Nietzsche

Datum

Rezeptname: _____

Gar-, Brat- oder Backzeit:

Zutaten für	Personen:	Zubereitung:

„*Eher muss man darauf achten,
mit wem man isst und trinkt,
als was man isst und trinkt.*"

Ludwig Feuerbach

_____
Datum

Rezeptname:

Gar-, Brat- oder Backzeit:

Zutaten für   **Personen:**

Zubereitung:

„Wenn ich gut gegessen habe, ist meine Seele stark
und unerschütterlich; daran kann auch der schwerste
Schicksalsschlag nichts ändern."
Molière

Datum

Rezeptname:

Gar-, Brat- oder Backzeit:

Zutaten für	Personen:	Zubereitung:

"Ein gutes Essen ist Balsam für die Seele."

Unbekannt

Datum

Rezeptname:

Gar-, Brat- oder Backzeit:

Zutaten für   *Personen:*   *Zubereitung:*

„Essen nimmt, Trinken gibt Enthusiasmus."

Jean Paul

Datum

Rezeptname:

Gar-, Brat- oder Backzeit:

Zutaten für   *Personen:*

Zubereitung:

„Gott gibt uns das Essen, der Teufel die Köche.“
Italienisches Sprichwort

Datum

75

Rezeptname:

Gar-, Brat- oder Backzeit:

Zutaten für   Personen:

Zubereitung:

„Wer sein Huhn allein isst,
muss auch sein Pferd allein satteln.“
Französisches Sprichwort

Datum

76

Rezeptname:

Gar-, Brat- oder Backzeit:

Zutaten für   Personen:

Zubereitung:

Rezeptname:

Gar-, Brat- oder Backzeit:

Zutaten für Personen:	Zubereitung:

„Gutes Essen lässt Sorgen vergessen."
Österreichisches Sprichwort

Datum

Rezeptname: _____

Gar-, Brat- oder Backzeit:

Zutaten für Personen:	Zubereitung:

„Der Bock ist ein Tier, welches auch
als Bier getrunken werden kann."
Wilhelm Busch

Datum

Rezeptname:

Gar-, Brat- oder Backzeit:

Zutaten für   Personen:

Zubereitung:

„Die Königin der Kochrezepte ist die Fantasie."

Sprichwort

Datum

Rezeptname:

Gar-, Brat- oder Backzeit:

Zutaten für Personen:	Zubereitung:

*„Fleisch, das ohne Frohsinn oder Musik gegessen,
ist schwer verdaulich."*
Sir Walter Scott

Datum

Rezeptname: _____

Gar-, Brat- oder Backzeit:

Zutaten für Personen:	Zubereitung:

Rezeptname: _____

Gar-, Brat- oder Backzeit:

Zutaten für _____ Personen:

Zubereitung:

Datum

Rezeptname: _____

Gar-, Brat- oder Backzeit:

Zutaten für Personen:	Zubereitung:

„Wer nicht liebt Wein, Weib und Gesang,
der bleibt ein Tor sein Leben lang.“

Martin Luther

_____
Datum

Rezeptname: _____

Gar-, Brat- oder Backzeit:

Zutaten für	Personen:	Zubereitung:

„Wenn du merkst, du hast gegessen,
hast du schon zu viel gegessen."
Sebastian Kneipp

Datum

Rezeptname:

Gar-, Brat- oder Backzeit:

Zutaten für Personen:	Zubereitung:

„Wer Honig essen will,
 muss Bienenstiche vertragen können."

Arabisches Sprichwort

Datum

Rezeptname:

Gar-, Brat- oder Backzeit:

Zutaten für	Personen:	Zubereitung:

„Das Leben ist viel zu kurz,
um einen schlechten Wein zu trinken."

Johann Wolfgang von Goethe

Datum

Rezeptname:

Gar-, Brat- oder Backzeit:

Zutaten für   Personen: Zubereitung:

*„Wer immer nur wartet, bis ein anderer ihn zum
Essen ruft, wird oft nichts zu essen bekommen."*

Zigeunerweisheit aus Rumänien

Datum

Rezeptname:

Gar-, Brat- oder Backzeit:

Zutaten für   *Personen:*

Zubereitung:

Rezeptname:

Gar-, Brat- oder Backzeit:

Zutaten für   Personen:

Zubereitung:

*„Aus einer schönen Schüssel
kann man nicht immer gut essen.“*
Volksweisheit

Datum

Rezeptname: _____

Gar-, Brat- oder Backzeit:

Zutaten für	*Personen:*	*Zubereitung:*

„Iss, was gar ist, trink, was klar ist, red, was wahr ist."
Wilhelm Busch

Datum

Rezeptname:

Gar-, Brat- oder Backzeit:

Zutaten für Personen:	Zubereitung:

„Fünf sind geladen, zehn sind gekommen.
Gieß Wasser zur Suppe, heiß alle willkommen."

Unbekannt

Datum

Rezeptname:

Gar-, Brat- oder Backzeit:

Zutaten für	Personen:	Zubereitung:

„Die Rebe ist ein Sonnenkind,
sie liebt den Berg und hasst den Wind."

Redewendung

Datum

Rezeptname:

Gar-, Brat- oder Backzeit:

Zutaten für   **Personen:**

Zubereitung:

„Es gibt niemanden, der nicht isst und trinkt, aber nur wenige, die den Geschmack zu schätzen wissen."

Konfuzius

Datum

Rezeptname: _____

Gar-, Brat- oder Backzeit:

Zutaten für	Personen:	Zubereitung:

*„Was der Bauer nicht kennt,
das isst er nicht.“*

Sprichwort

Datum

© 2015 design cat GmbH

Genehmigte Lizenzausgabe
EDITION XXL GmbH
Industriestraße 19
64407 Fränkisch-Crumbach 2020
www.edition-xxl.de

Idee und Projektleitung: Sonja Sammüller
Layout, Satz und Umschlaggestaltung:
design cat GmbH

ISBN 978-3-89736-035-8